Les petits ✚ cousins

Les plus belles
comptines anglaises

ILLUSTRATIONS

Cécile Hudrisier
couverture, p. 4, 10, 16, 18, 20, 24, 26,
32, 36, 38, p. 46 à 54 (gestuelles)

Clotilde Perrin
p. 6, 8, 12, 14, 22, 28, 30, 34, 40

COLLECTAGE ET COMMENTAIRES

Claire Abbis-Chacé
institutrice et bibliothécaire

Jeanette Loric
rédactrice de *Mini-Schools magazine*

Didier Jeunesse

SPLOOSH

RAIN, RAIN, GO AWAY!

Rain, rain, go away!
Come again another day!
Rain, rain, go away!
Little Johnny wants to play.

4

♫♪ Goutte, gouttelette de pluie,
Mon chapeau se mouille.
Goutte, gouttelette de pluie,
Mes souliers aussi.

Gout-te, goutte-let-te de pluie, mon chapeau se mouil-le.

Gout-te, goutte-let-te de pluie, mes sou-liers aus-si.

DING, DING, DING

Ding, ding, ding,
Toc, toc, toc !
Tournez le bouton !
Entrez dans la maison !

KNOCK AT THE DOOR

Knock at the door,
Ring the bell,
Lift the latch
And walk in.

POLICHINELLE

Polichinelle
Monte à l'échelle,
Casse un barreau
Et plouf... dans l'eau !

Jack be nimble,
Jack be quick,
Jack jump over
The candlestick.

10 °

CELUI-LÀ VA À LA CHASSE

Celui-là va à la chasse,
Celui-là tue les bécasses,
Celui-là les plume,
Celui-là les fricasse
Et le petit mange
Tout, tout, tout, tout, tout !

THIS LITTLE PIG WENT TO MARKET

This little pig went to market,
This little pig stayed at home,
This little pig had roast beef,
This little pig had none
And this little pig cried:
Wee – wee – wee – wee,
All the way home!

C'EST LA PETITE JABOTTE

C'est la petite Jabotte
Qui n'a ni bas, ni bottes,
Qui monte,
Qui monte,
Qui monte,
Qui monte...

HEAD AND SHOULDERS

♪♪ Head and shoulders, knees and toes,
Knees and toes, knees and toes,
Head and shoulders, knees and toes,
Eyes, ears, mouth and nose!

JEAN PETIT QUI DANSE

♪♪ Jean Petit qui danse, (bis)
De son doigt il danse, (bis)
De son doigt, doigt, doigt,
Ainsi danse Jean Petit.

(... de sa main, de son bras,
de tout son corps, etc.)

Jean Pe-tit qui dan-se, Jean Pe-tit qui

dan-an-se, de son doigt il dan-se, de son doigt il

dan-an-se, de son doigt, doigt, doigt,

ain-si dan-se Jean Pe-tit.

DEUX PETITS BONHOMMES

Deux petits bonhommes
S'en allaient au bois
Chercher des pommes
Et puis des noix,
Des champignons
Et des marrons,
Et rentrent dans leur maison.

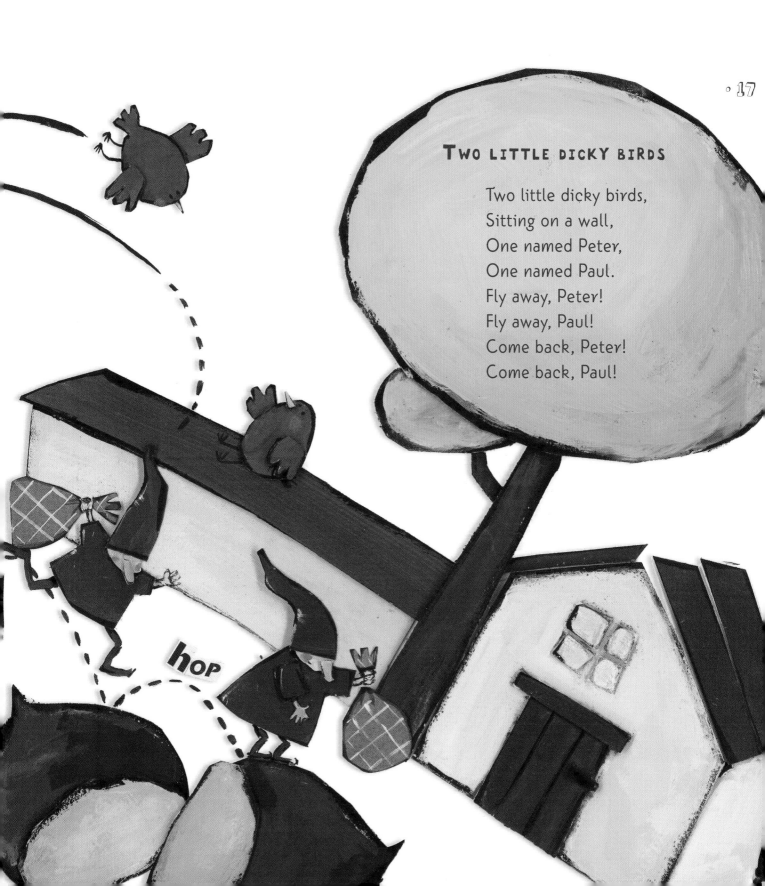

TWO LITTLE DICKY BIRDS

Two little dicky birds,
Sitting on a wall,
One named Peter,
One named Paul.
Fly away, Peter!
Fly away, Paul!
Come back, Peter!
Come back, Paul!

hop

18

L'ÉLÉPHANT SE DOUCHE, DOUCHE, DOUCHE

♪♫ L'éléphant,
Il se douche, douche, douche,
Sa trompe est un arrosoir.
L'éléphant,
Il se mouche, mouche, mouche,
Il lui faut un grand mouchoir.
L'éléphant,
Dans sa bouche, bouche, bouche,
A deux défenses en ivoire.
L'éléphant,
Il se couche, couche, couche,
À huit heures tous les soirs.

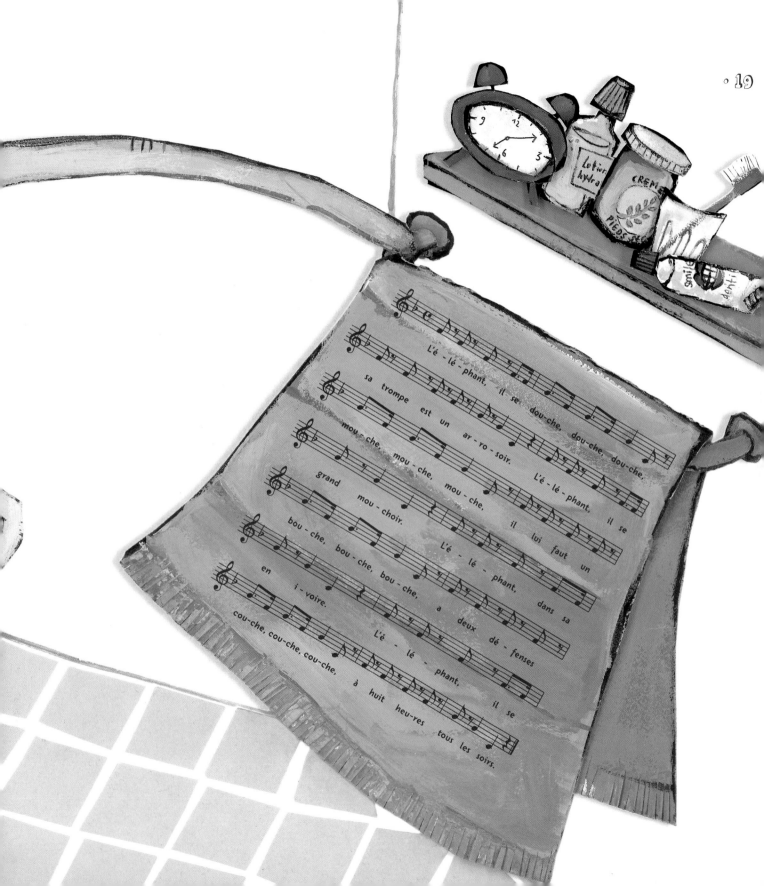

THE ELEPHANT

♫ The elephant goes
Like this, like that.
He's terribly big
And he's terribly fat.
He has no fingers,
He has no toes
But goodness, gracious,
What a nose!

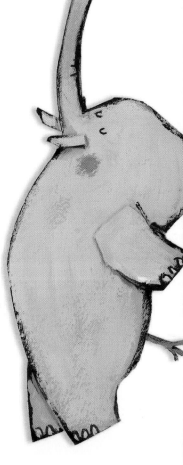

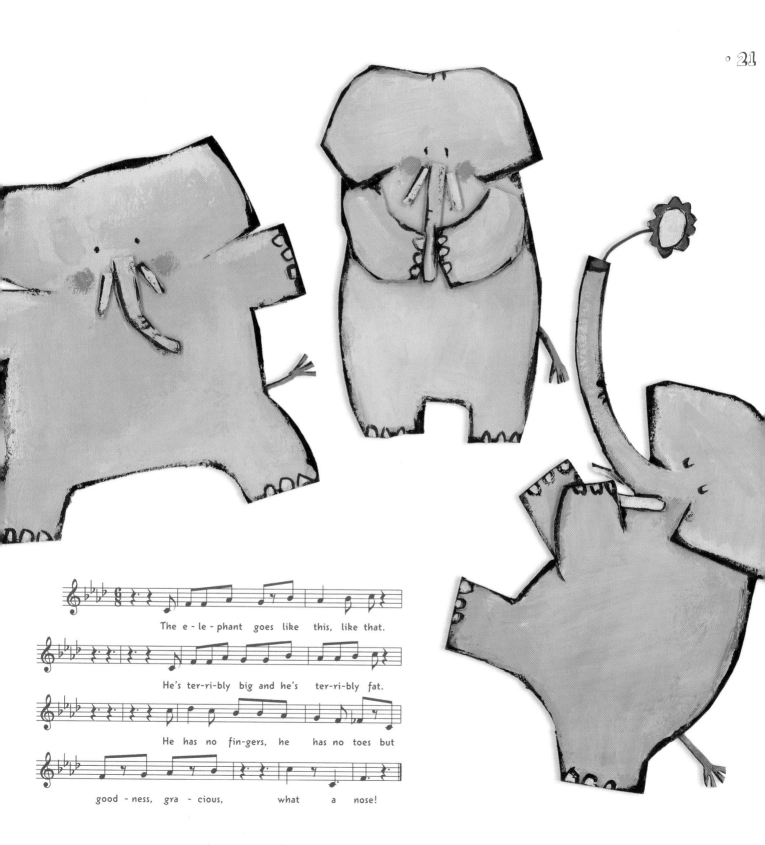

The e - le - phant goes like this, like that.

He's ter-ri-bly big and he's ter-ri-bly fat.

He has no fin-gers, he has no toes but

good - ness, gra - cious, what a nose!

GO TO SLEEP, MY BABY

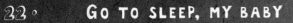

Go to sleep, my baby,
Close your pretty eyes,
Angels are above you
Peeping at you dearie from the skies,
Great big moon is shining,
Stars begin to peep,
Now it's time for little babies
To go to sleep!

Go to sleep, my ba - by,

close your pret-ty eyes, an-gels are a-bove you

pee - ping at you dea - rie from the skies,

great big moon is shi-ning, stars be-gin to peep,

now it's time for lit-tle ba-bies to go to sleep!

DODO MAMOUR

Dodo mamour,
Sur un coussin de velours,
Dormez tant que vous voudrez,
Maman viendra vous bercer,
Dodo mamour.

Do-do ma-mour, — sur un cous-sin d'velours,

dor - mez tant que vous vou - drez,

Ma-man vien-dra vous ber-cer, do-do ma-mour. __

ROW, ROW, ROW YOUR BOAT

♪♪ Row, row, row your boat
Gently down the stream,
Merrily, merrily, merrily, merrily,
Life is but a dream.

Row, row, row your boat gen-tly down the
stream, mer-ri-ly, mer-ri-ly, mer-ri-ly, mer-ri-ly,
life is but a dream.

Ba-teau, ci-seaux, la ri-viè-re, la ri-viè-re,

ba-teau, ci-seaux, la ri-vière qui coule à flots.

Le ba-teau a cha-vi-ré et les en-fants

sont tom-bés. Plouf... dans l'eau !

BATEAU, CISEAUX

Bateau, ciseaux,
La rivière, la rivière,
Bateau, ciseaux,
La rivière qui coule à flots.
Le bateau a chaviré
Et les enfants sont tombés.
Plouf... dans l'eau !

STEPPING STONES

Stepping over stepping stones,
One, two, three,
Stepping over stepping stones,
Come with me!
The river's very fast,
The river's very wide.
We'll step across on stepping stones
And reach the other side.

LA CLÉ DE SAINT-GEORGES

🎵♪ Je porte, je porte
La clé de Saint-Georges.
Quand je l'aurai assez portée,
Je la laisserai tomber
Au pied d'un rocher,
À ma préférée.

Je por-te, je por-te la clé de Saint-Geor-ges. Quand j'l'au-rai as-sez por-tée, je la lais-se-rai tom-ber au pied d'un ro-cher, à ma pré-fé-rée.

A TISKET, A TASKET

A tisket, a tasket,
A green and yellow basket.
I sent a letter to my love
And on the way I dropped it,
I dropped it, (bis)
And on the way I dropped it.
One of you has picked it up
And put it in your pocket.

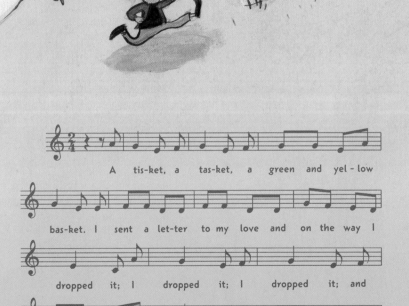

A tis-ket, a tas-ket, a green and yel-low bas-ket. I sent a let-ter to my love and on the way I dropped it; I dropped it; I dropped it; and on the way I dropped it; one of you has picked it up and put it in your poc-ket.

RING-A-RING O'ROSES

Ring-a-ring o'roses,
A pocket full of posies.
A-tishoo! A-tishoo!
We all fall down.

a-ti shoo!!

Ring - a - ring o' ro - ses, a poc - ket full of
po - sies. A - ti - shoo! A - ti - shoo! We all fall down.

DANSONS LA CAPUCINE

♪♫ Dansons la capucine,
Y'a pas de pain chez nous,
Y'en a chez la voisine
Mais ce n'est pas pour nous.
You !

Dan - sons la ca - pu - cine, y'a
pas de pain chez nous, y'en a chez la voisine mais ce n'est pas pour nous. You !

atchOUm !

UN, DEUX, TROIS, JE M'EN VAIS AU BOIS

Un, deux, trois,
Je m'en vais au bois,
Quatre, cinq, six,
Cueillir des cerises,

Sept, huit, neuf,
Dans mon panier neuf,
Dix, onze, douze,
Elles seront toutes rouges.

IL Y A SEPT OIES

Plote !
Dans la cour de chez Dubois,
Il y a sept oies :
Une oie, deux oies, trois oies,
Quatre oies, cinq oies, six oies,
C'est toi !

ONE, TWO, THREE, FOUR

One, two, three, four,
Mary at the cottage door,
Five, six, seven, eight,
Eating cherries off a plate.

JAMAIS ON N'A VU

♫♪ Jamais on n'a vu, vu, vu,
Jamais on ne verra-ra-ra,
La queue d'une souris-ris-ris,
Dans l'oreille d'un chat, chat, chat !

THREE BLIND MICE

🎵♪ Three blind mice, three blind mice,
See how they run, see how they run!
They all run after the farmer's wife
Who cut off their tails with a carving knife.
Did you ever see such a thing in your life,
As three blind mice?

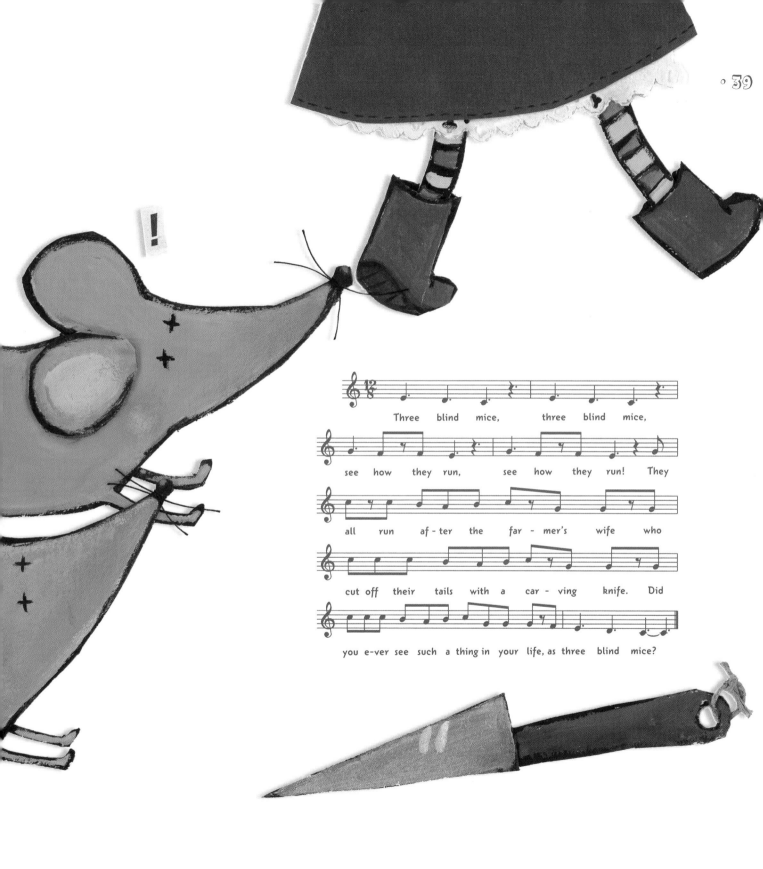

Out goes the rat,
Out goes the cat,
Out goes the lady
With the big green hat.
Y, O, U, spells you;
O, U, T, spells out!

Cerise, marquise

Cerise,
Marquise,
Baron,
Marron,
Canard boiteux,
Tu sors du jeu!

LES COMMENTAIRES

INTRODUCTION

Cet album-CD présente des comptines françaises et anglaises.

Seules les formulettes à compter et à désigner sont à proprement parler des comptines. Mais, pour plus de commodité, nous avons aussi regroupé sous ce terme des jeux de nourrice, des berceuses, des danses, des chansons et des formulettes de jeux.

On les retrouve dans toutes les cultures du monde. D'une langue à l'autre, les comptines sont cousines et nous nous sommes amusés à les marier. Les correspondances peuvent être thématiques, musicales ou gestuelles... Mais toutes nous parlent le langage du plaisir et de la poésie!

En Angleterre, les comptines sont appelées *Nursery Rhymes* alors qu'aux États-Unis on parle de *Mother Goose songs*. Leurs origines sont souvent inconnues puisqu'elles ont été transmises de génération en génération par voix orale.

POURQUOI PRÉSENTER AUX JEUNES ENFANTS DES COMPTINES EN LANGUE ÉTRANGÈRE ?

Il faut d'abord redire toute la richesse de cette vieille tradition orale transmise par l'entourage de l'enfant. Il écoute, puis mime et chante ces textes et devient ainsi sensible au rythme, à la saveur de sa langue maternelle, à la poésie et à l'humour de sa culture.

À partir de cette tradition, nous souhaitons lui proposer une ouverture vers une autre langue, une autre culture, par un lent processus d'imprégnation. En effet, les jeunes enfants ont encore une souplesse qui leur permet d'imiter et d'assimiler avec facilité toutes les intonations des langues étrangères.

Il ne s'agit pourtant pas d'un « apprentissage » systématique : ces jeux, à la fois corporels et verbaux, doivent rester spontanés, fondés sur un climat de confiance et de complicité.

Nous souhaitons offrir à l'enfant une « sensibilisation » plus qu'une véritable « initiation » à l'anglais.

C'est tout le plaisir de communiquer qui incitera l'enfant à dire et redire ces textes sans cesse et, au-delà des quelques jeux qu'ils entraînent, à comprendre et mémoriser de manière ludique et intuitive cette autre langue qu'est l'anglais.

OÙ SONT LES TRADUCTIONS ?

Les traductions des textes anglais figurent à la fin du livre, et non en vis-à-vis des textes. C'est délibéré. Il est préférable en effet d'aborder une langue étrangère sans le recours systématique à la traduction.

On garde ainsi toute la saveur de la version originale, on évite la répétition inhérente à la traduction et surtout on n'isole pas les mots du contexte qui leur donne un sens puisque l'on propose à l'enfant de parler en situation (ici en situation de jeu) ; actif, il perfectionne ainsi son imitation et intègre comme un réflexe la syntaxe, la prononciation et le sens de la langue étrangère.

COMMENT L'ENFANT PEUT-IL COMPRENDRE CES COMPTINES ?

Là aussi, on peut faire le rapprochement avec le tout-petit qui ne parle pas encore. Il structure son langage et sa pensée grâce à ses perceptions sensibles (visuelles, sonores...). C'est par un constant aller-retour entre ce qu'il voit, ce qu'il entend, ce qu'il vit et dit qu'il élabore petit à petit sa compréhension.

Cet album est conçu pour inciter l'enfant, sollicité et accompagné par l'adulte, à établir des correspondances entre les différents repères dont il dispose avec le livre, le CD et surtout avec le jeu vécu à partir des différentes comptines.

COMMENT LES COMPTINES SE RÉPONDENT-ELLES ?

Les comptines cousines présentent des correspondances qui sont de plusieurs types :

– correspondances gestuelles

L'enfant connaît généralement les comptines françaises et la gestuelle qui les accompagne. Celle-ci est proche (voire identique) de la gestuelle du (des) texte(s) anglais. C'est grâce à cette gestuelle commune que l'enfant aborde les comptines anglaises, les comprend puis les mémorise.

– correspondances thématiques

Les sujets traités par les comptines françaises et anglaises associées sont souvent proches et donnent à l'enfant des indices sur le contenu des textes en langue étrangère.

– correspondances visuelles

Les illustrations sont des clefs de compréhension véritables car elles donnent à la fois une vision globale de l'histoire et des détails sur les lieux et/ou les personnages.

– correspondances sonores

Le CD propose, lui aussi, une illustration sonore significative par le choix des instruments, les arrangements, l'interprétation et les bruitages.

Mais l'enfant ne pourra s'aider de toutes ces correspondances que dans une situation vécue. L'adulte comme l'enfant doivent donc être actifs et jouer avec leur corps de façon aussi expressive que possible.

En effet, pour comprendre, l'enfant a besoin d'expérimenter par son corps. Dans les premières comptines (jeux avec l'adulte, chansons mimées), les gestes sont un soutien solide car ils sont très proches du sens du texte.

À QUEL ÂGE PEUT-ON COMMENCER ?

Il n'y a pas de réponse unique à cette question. On peut évidemment chanter et faire écouter dès le berceau les chansons et les berceuses. Les jeux de doigts et les comptines suivent tout naturellement le développement général de l'enfant. Faites confiance à vos intuitions. Allez vers ce qui motive votre enfant, ce qui aiguise sa curiosité.

Les comptines présentées ici s'adressent aussi aux plus grands, dans le cadre scolaire par exemple. Devant un groupe, le rythme sera différent, les activités pourront être plus variées et les jeux collectifs prendront un autre relief.

UNE SENSIBILISATION À UNE AUTRE LANGUE PEUT-ELLE CONCERNER TOUS LES ENFANTS ?

Cette richesse culturelle s'affirme aujourd'hui comme une nécessité. Tous les enfants, et pas seulement ceux des familles « bilingues », sont concernés. Une approche précoce par le jeu favorise l'assimilation d'une langue étrangère.

À l'école comme dans la famille, on peut inviter les enfants à en faire la découverte. Plus tôt l'enfant aura été mis au contact d'une langue étrangère, moins il développera de blocages dans ses futurs apprentissages et plus il comprendra le jeu qui existe d'une langue à l'autre.

Pour créer chez l'enfant le désir de communiquer dans une langue étrangère, l'adulte doit lui-même exprimer son propre plaisir de découvrir cette langue avec lui.

Comme on le fait naturellement en français, on peut donc jouer et mimer ces comptines anglaises aux moments privilégiés d'échange, fréquents dans la vie de l'enfant.

Il faut aussi très vite mémoriser les paroles et les gestes des jeux pour les retrouver spontanément. Pour aider l'enfant, il est en effet très important de savoir « parler avec son corps ». La qualité des gestes de l'adulte (expressivité du visage, des mains, du corps) est primordiale pour la compréhension.

L'adulte peut être amené à répondre à un enfant qui l'interroge sur la signification précise des textes. On en fera alors le récit en évitant une traduction mot à mot. Mais surtout, on exploitera toute situation nouvelle qui permet de réutiliser, dans un autre contexte, les termes et expressions déjà rencontrés dans les comptines.

Les différents supports (livre et CD) sont à la fois complémentaires et indépendants.

Pour découvrir le sens des comptines, on peut bien sûr utiliser en même temps le livre et le CD. Mais l'écoute du CD entier demande du temps. Il semble donc difficile de suivre page à page sur le livre avec de jeunes enfants.

Très vite, on exploitera donc séparément le livre et le CD.
Avec l'album, l'enfant explore les illustrations et peut retrouver, de mémoire, les comptines françaises ou anglaises qu'il commence à connaître.
Avec le CD, il peut profiter de la musique et chanter avec d'autres enfants, s'entraînant ainsi à mémoriser les textes.

Certaines comptines se prêtent bien à une mise en scène. Avec des objets parfois très simples (marionnettes, peluches, poupées...) ou pourquoi pas en dessinant, l'adulte invente une situation de communication très riche.

On joue les différents personnages et, avec eux, on invente dialogues et récits créant ainsi un véritable « bain de langage ».

D'autre part, avec les explications des jeux traditionnels, nous présentons dans ce livret quelques suggestions pour en inventer d'autres, en particulier en anglais, car les comptines peuvent être utilisées pour des jeux toujours renouvelés.

SPLOOSH

Ouverture
pages 4-5

Cette première double page est une ouverture. Elle constitue le premier contact avec la langue anglaise.
Les deux courts textes présentent le thème de l'eau et de la pluie, plaisir des petits.

Rain, rain, go away !

Les enfants anglais ont l'habitude, quand il pleut, de chanter pour jeter un sort à la pluie et la chasser. On sait (d'après Strattis, 409-375 av. J.-C.) que les enfants de la Grèce antique faisaient de même pour faire fuir les nuages qui encombraient le ciel !

Les enfants s'assoient face à face ou en cercle avec un enfant au milieu. Le « leader » commence à dire la comptine en tapant dans ses mains puis sur ses épaules, ses genoux, ses bras, ou ailleurs, et les autres doivent l'imiter.

Il n'est pas nécessaire de parler, les sons et le rythme suffisent à évoquer la pluie. On appelle ce jeu le « jeu de l'écho ».

Goutte, gouttelette de pluie

On pourra imiter le bruit des gouttes d'eau en frappant d'abord un doigt puis deux, puis trois, puis quatre sur la paume de la main, de plus en plus fort, pour imiter l'averse.

Voici les couplets de la chanson :
Je marche sur la route,
Je connais mon chemin,
Je passe à travers gouttes
En répétant ce gai refrain.

Je marche dans la boue,
J'en ai jusqu'au menton,
J'en ai même sur les joues,
Pourtant je fais bien attention.

Mais derrière les nuages,
Le soleil s'est levé.
Il sèche mon visage,
Mon chapeau et mes souliers.

Goutte, gouttelette de pluie,
Adieu les nuages.
Goutte, gouttelette de pluie,
L'averse est finie.

Enfantines
pages 6 à 9

On appelle « enfantines » tous les « jeux de nourrice », à la fois verbaux et corporels, que l'adulte fait avec le petit enfant. On y joue souvent lors des moments qui rythment la vie quotidienne des petits (réveil, toilette, repas, coucher, câlin...). Au départ, le bébé est passif mais très réceptif à la présence de l'adulte et au plaisir des sauts, des balancements, des caresses, des chutes, etc.

Ce type de jeux, dans un climat affectif sécurisant, aide l'enfant à se construire. Il découvre son corps, celui de l'autre, et le plaisir de l'échange. Il devient sensible à la musique, à la langue, à la poésie et à l'humour. Il élabore sa propre parole et commence à explorer le monde par le biais des petites histoires chantées.

L'enfant, même plus grand, se trouve vis-à-vis des langues étrangères un peu dans la même situation que l'enfant qui apprend à parler. Nous lui proposons ici de retrouver le soutien et la richesse de l'échange avec l'adulte, pour communiquer dans une langue nouvelle. C'est parce que l'enfant trouve ses repères dans sa langue maternelle qu'il pourra les transposer dans la langue étrangère.

Les deux premières comptines de cette double page permettent d'explorer le visage de l'enfant à travers le thème important de la maison. Elles peuvent être dites au moment du repas, pour aider l'enfant à bien manger.

Ding, ding, ding

Ding, ding, ding,

toc, toc, toc

Tournez le bouton !

Entrez dans la maison !

Knock at the door, *ring the bell,*

lift the latch *and walk in.*

On remarque une correspondance étroite entre ces deux jeux : les onomatopées du petit jeu français permettront à l'enfant de très vite intégrer le sens du texte anglais.

Les deux autres « enfantines » de cette double page n'offrent pas de correspondance gestuelle, mais elles impliquent toutes les deux un investissement du corps tout entier et mettent chacune en scène un personnage burlesque : *Jack* (marionnette à ressort qui sort de sa boîte) et *Polichinelle*.

Polichinelle

monte à l'échelle,

casse un barreau

et plouf... dans l'eau !

La dernière ligne de la comptine évoque un sport qui fut célèbre plusieurs siècles durant en Angleterre. La superstition n'en était pas absente : on plaçait un bougeoir par terre, avec une bougie allumée et, si la personne réussissait à sauter sans éteindre la flamme, elle était supposée bénéficier de la chance (de la bonne fortune) pendant l'année à venir.

Propositions de jeux :
1. Faites sauter les enfants au-dessus d'objets, des seaux par exemple. Avec de jeunes enfants, l'idée est de les faire sauter au-dessus de coussins car les coussins sont faciles à saisir et sont également plus confortables en cas de chute !
2. Avec un enfant plus jeune, croisez vos jambes et asseyez-le sur vos cuisses, en face de vous. Prenez ses mains et balancez-le d'avant en arrière pendant que vous récitez la comptine. Au mot *jump*, soulevez-le plus haut qu'avant et rasseyez-le.

Jack be nimble...

Jeux de doigts
avec l'adulte
pages 10-11

La main, outil privilégié de communication, est aussi un riche support de l'imaginaire. Entre caresse et massage, on manipule les doigts ou les orteils des enfants pour les faire bouger. Au départ, ce sont des « enfantines » jouées avec l'adulte puis peu à peu, en grandissant, l'enfant dit lui-même la comptine en se servant de ses propres mains ou de celles de quelqu'un d'autre, un adulte par exemple.

Celui-là va à la chasse
This little pig went to market

Ces « comptines à doigts » qui portent toutes les deux sur le thème des animaux utilisent l'énumération. La correspondance met en parallèle l'équivalence des termes *This* et *Celui-là*.

On dit la comptine française en prenant successivement pour chaque phrase un doigt de l'enfant, du pouce à l'auriculaire. Avec le texte anglais, on fait la même chose, mais avec les orteils ; on finit (sur *all the way home*) par faire courir ses doigts sur la jambe de l'enfant et lui chatouiller le ventre.

C'est la petite Jabotte

Sur le même principe que la fin de *This little pig*, on imite avec deux doigts la petite Jabotte en train de monter le long du bras de l'enfant jusqu'à son cou, pour le chatouiller.

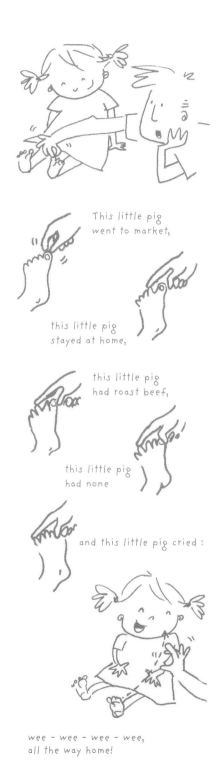

This little pig went to market,

this little pig stayed at home,

this little pig had roast beef,

this little pig had none

and this little pig cried :

wee - wee - wee - wee, all the way home!

Nommer son corps
pages 12 à 15

Les différentes parties du visage et du corps sont parmi les premières choses que l'on apprend à nommer. En prenant conscience de son corps, l'enfant se repère mieux dans l'espace. Il peut aussi plus facilement le comprendre et l'exprimer.

Grâce à ce type de jeux dansés, l'enfant va coordonner gestes et paroles, puisqu'il désigne les parties de son corps en suivant le rythme et la musique. Cette coordination, bien que difficile, lui permet de transposer ses précieux repères corporels dans la langue étrangère.

L'effet comique est garanti, surtout si l'on retrouve au sein du groupe la joie du mouvement collectif.

Après cette mise en forme, on est prêt pour une séance de gymnastique !

Head and shoulders
Pour chanter cette comptine, on touche successivement chaque endroit du corps désigné de plus en plus vite.

Jean Petit qui danse

Pour ce jeu, on fait danser progressivement toutes les parties du corps en commençant par l'index, puis la main, le bras, l'autre bras, la tête, un pied, la jambe, l'autre pied, l'autre jambe, puis l'ensemble du corps... Les enfants pourront imaginer de faire danser tout ce qui leur passe par la tête, le coude, le genou, etc.

Textes mimés
pages 16 à 21

L'adulte a déjà raconté une histoire avec les mains de l'enfant. Ici, c'est l'enfant qui utilise sa main et son corps pour s'exprimer et communiquer. Mimer un texte lui permet d'en fixer le sens.

Il est important de noter que les gestes qui sont suggérés ne doivent pas empêcher l'interprétation personnelle de chacun.

1 – Mimer avec ses mains
Les deux jeux de doigts de cette double page associent la notion du chiffre deux aux deux pouces levés qui s'animent de la même manière.

Deux petits bonhommes

On y retrouve l'idée d'énumérer sur ses doigts.

Deux petits bonhommes

s'en allaient au bois

chercher des pommes

et puis des noix,   des champignons

et des marrons,

et rentrent dans leur maison.

Two little dicky birds

La simplicité du texte anglais et la répétition des phrases permettront à l'enfant de très vite maîtriser ce jeu et son sens.

Two little dicky birds,

sitting on a wall, one named Peter,

one named Paul.

Fly away, Peter!

Fly away, Paul!

Come back, Peter!

Come back, Paul!

2 – Mimer avec son corps

Imiter les animaux ravit les enfants ! C'est aussi l'occasion de connaître en anglais les noms de leurs animaux préférés.

Les deux chansons suivantes, française et anglaise, nous présentent l'éléphant, personnage sympathique et drôle à la démarche lente et lourde. On le mime avec tout le corps.

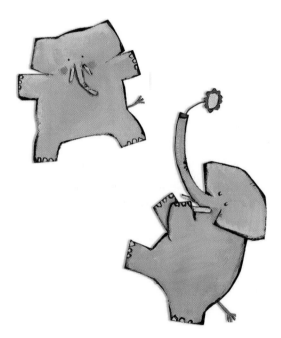

Par exemple, on peut faire la compagnie des éléphants, comme dans *Le Livre de la jungle*. Choisissez alors quelqu'un pour être le premier éléphant. Cet enfant marche en balançant un bras pour figurer la trompe de l'éléphant et, à la fin du poème, il choisit un second éléphant avec sa trompe. Continuez jusqu'à ce que tout le monde ait été transformé en éléphant

L'éléphant se douche, douche, douche

L'éléphant,
il se douche, douche, douche,
sa trompe est un arrosoir.

L'éléphant,
il se mouche, mouche, mouche,
il lui faut un grand mouchoir.

L'éléphant,
dans sa bouche, bouche, bouche,

a deux défenses en ivoire.

L'éléphant,
il se couche, couche, couche,
à huit heures tous les soirs.

The elephant goes

The elephant
goes like this,

like that.

He's terribly big

and he's terribly fat.

He has no fingers,
he has no toes

but goodness gracious,
what a nose!

Berceuses

pages 22-23

Avec les berceuses, l'enfant peut être très tôt sensibilisé à la musicalité d'une langue. Ce moment privilégié de tendresse qui précède le sommeil est en effet propice à l'imprégnation.

Go to sleep, my baby
Dodo mamour

Les deux berceuses de cette double page ne présentent pas de véritable correspondance. Pour donner des clefs de compréhension à l'enfant, on lui décrira éventuellement la scène présentée en s'aidant de la traduction du texte anglais (p. 56).

Jeux à deux

pages 24 à 27

Il s'agit maintenant pour l'enfant d'organiser son jeu sans l'adulte et de collaborer avec d'autres enfants. C'est une étape importante dans sa socialisation : il ne bénéficie plus du soutien et de l'assurance offerts par l'adulte.

Il doit faire confiance à sa propre initiative et non plus réagir uniquement par mimétisme. Avec les autres enfants, il doit donc à la fois s'adapter et s'affirmer.

Row, row, row your boat
Bateaux, ciseaux

Ces deux petits textes célèbres en français comme en anglais suggèrent sur le thème du bateau, de la rivière et de l'eau, le même rythme de balancement.

Ils peuvent être joués comme « enfantines » avec l'adulte qui balance l'enfant sur ses genoux, ou par deux enfants sans le concours d'un adulte.

Dans ce cas, les enfants s'assoient l'un en face de l'autre, les jambes sont étendues et les enfants se touchent la plante des pieds, ils se tiennent les mains, les bras tendus. Ils se balancent doucement d'avant en arrière ou de droite à gauche le temps que dure la comptine.

Assis sur une balançoire ou à califourchon sur un tronc d'arbre, les enfants retrouveront spontanément ce refrain.

Stepping stones

Avec cette comptine, elle aussi sur le thème de l'eau et de la rivière, on peut faire plusieurs jeux :

1. Nombre illimité d'enfants : on met des coussins par terre, espacés les uns des autres, ainsi les enfants sauteront-ils de l'un à l'autre comme ils le feraient sur des pierres.

2. Un ou plusieurs joueurs et deux cordes à sauter : on figure deux lignes sur le sol avec les cordes à sauter, espacées de 30 cm puis on saute d'une corde à l'autre en essayant d'espacer les cordes petit à petit et d'agrandir la distance.

3. Les enfants se placent en file indienne, en formant un cercle. L'un d'eux se met au centre. En chantant, les enfants lèvent haut les genoux comme s'ils enjambaient des rochers. Le joueur placé au milieu fait trois pas aux mots *one, two, three* et tire un enfant à lui aux mots *come with me*. Ils traversent alors la ronde à pas chassés en se donnant la main. À la fin du texte, le premier joueur rejoint le cercle et le second reste au milieu pour recommencer.

Jeux collectifs
pages 28 à 31

Dans les jeux collectifs, les comptines deviennent les garants de la règle du jeu des formules qui lient les joueurs par un pacte tacite, quasi-magique. L'enfant prend conscience de sa place dans le groupe, en éprouvant à la fois le plaisir de collaborer pour l'accomplissement du jeu, mais aussi parfois la frustration éventuelle du perdant.

On trouve dans ces « jeux collectifs » beaucoup de textes extravagants de ce folklore enfantin transmis dans les cours de récréation. La logique cède la place à la rime et au rythme...

Ces jeux sont souvent internationaux mais les textes varient, nous avons choisi des jeux soit identiques, soit présentant des règles très simples.

Les enfants sont fascinés par le jeu de la chandelle où chacun rêve d'être le ou la préféré(e), choisi(e) pour faire la course autour du « fromage ». On y joue en France et en Angleterre avec une petite variante.

La clé de Saint-Georges

Dans la chandelle française, l'enfant qui a reçu le mouchoir se met à courir dans le même sens que le donneur pour le toucher avant qu'il ne soit assis à sa place. Celui qui est touché ou celui qui oublie d'aller chercher son mouchoir devient lui-même la chandelle et risque à chaque fois un nouveau gage : bras levés, debout sur un pied, etc. jusqu'à ce qu'il soit libéré par un autre étourdi qui prendra sa place.

A tisket, a tasket

Un enfant tourne autour du cercle formé par ses camarades assis. Lorsqu'ils chantent *and on the way I dropped it*, il laisse tomber un mouchoir derrière l'un d'eux puis se met à courir autour du cercle. L'enfant qui a le mouchoir posé derrière son dos se lève aussitôt et court dans le sens contraire ; le dernier arrivé à la place vacante prend le mouchoir et le jeu recommence.

A tisket, a tasket,
a green and yellow basket.
I sent a letter to my love
and on the way I dropped it...

Danses
pages 32-33

Comme les jeux collectifs, les danses permettent à l'enfant de s'exprimer au sein d'un groupe. Soutenu par la cadence, l'enfant apprend à harmoniser ses gestes et à suivre une musique. Il en tire généralement un grand plaisir. À l'unisson avec les autres, il découvre ainsi des figures fondamentales : la ronde, la farandole, le couple, etc.

Sur ces deux airs très connus en France comme en Angleterre, les enfants se donnent la main et forment une ronde en sautillant vers la gauche tout en chantant. Aux mots *We all fall down* en anglais et *You* en français, ils se lâchent la main et tombent au sol ou s'accroupissent. Après la chute finale qui plaît beaucoup aux enfants, on reprend la ronde au début.

one of you has picked it up
and put it in your pocket.

Ring-a-ring o'roses

Certains racontent que l'origine de cette comptine remonte à la Grande Peste de 1665 à Londres où l'on voyait les gens tomber « comme des mouches », d'où l'allusion *We all fall down*. D'autres hypothèses, moins noires, suggèrent que cette dernière phrase décrirait une révérence. Des couplets plus récents ont donné une suite heureuse à la comptine puisque tous se relèvent : *We all get up !*

D'autres couplets existent pour cette chanson, par exemple :

The cows are in the meadow,
Les vaches sont dans le pré
Eating all the grass,
Mangeant toute l'herbe,
A-tishoo! A-tishoo!
Atchoum ! Atchoum !
Who's up last?
Qui est debout le dernier ?
Not me!
Pas moi !

Là, les enfants se mettent à quatre pattes en imitant les vaches broutant l'herbe. À la fin du vers *Who's up last?*, ils se relèvent très vite et crient *Not me!* Les enfants adorent la course pour se lever à la fin du poème, tandis que les tout-petits devront faire le jeu plusieurs fois pour se rendre compte qu'il s'agit d'une course. Dans certaines variantes, la dernière phrase change :

We all kneel down.
On s'agenouille.
We all bow down.
On fait la révérence.
We all sit down.
On s'asseoit.
We all lie down.
On s'étend.
We all crouch down/squat down, etc.
On s'accroupit.

Dansons la capucine

Cette chanson est très célèbre et la plupart des enfants la connaissent bien. Une version plus récente existe avec *You ! les petits cailloux*, pour la chute finale.

Comptines à compter
pages 34-35

Dans le mot « comptine », il y a « compter »... Les trois petits textes scandés permettent aux enfants de dénombrer des éléments. Souvent avides d'énumérer à l'infini, les enfants sont en effet sensibles à la magie des nombres et comptent tout ce qui se présente : les membres de la famille, les doigts de la main, les bonbons, les billes, les cailloux...

Les deux premiers textes anglais et français servent à compter des cerises.

Un, deux, trois, je m'en vais au bois
One, two, three, four

On peut proposer quelques jeux qui vont bien avec cette comptine.

1. Vous pouvez chanter ce poème en lançant ou recevant une balle. Mais les petits enfants sont souvent peu habiles aux jeux de ballons et ils auront quelques difficultés à garder le rythme, ce qui peut toutefois être amusant. Vous pouvez donc placer la balle dans un vieux bas ou un collant. Lancez la balle par terre ou contre le mur en tenant l'autre extrémité. Ainsi vous ne perdrez pas de temps à quatre pattes pour chercher la balle et garderez le rythme !

2. Les enfants frappent dans leurs mains en même temps qu'ils récitent le texte. Le premier mot de chaque phrase est ponctué d'un coup donné sur une autre partie du corps, par exemple, sur les genoux ou sur la tête.

Il y a sept oies

Il y a sept oies est l'équivalent du *Plouf-plouf !* plus connu qui introduit les comptines à désigner. Le jeu de mots humoristique entre *c'est toi* et *sept oies* agit longtemps sur les enfants comme un mystère.

Plote !
Dans la cour de chez Dubois
Il y a sept oies :
Une oie, deux oies, trois oies,
Quatre oies, cinq oies, six oies,
C'est toi !

Chansons
pages 36-39

Avec la chanson, l'enfant n'a plus que le soutien de la musique, sans support gestuel, pour jouer avec la langue. Ces doubles pages nécessitent donc toute l'approche préalable des jeux précédents au cours desquels l'enfant aura progressivement vaincu sa timidité face à l'anglais. Il sera tout heureux de maîtriser progressivement cette chanson anglaise qu'il mémorisera bribe par bribe.

Pour éviter de faire une traduction mot à mot, on peut raconter à l'enfant le contenu de la chanson comme s'il s'agissait d'un récit et lui donner ainsi quelques clés de compréhension.

Les deux chansons, française et anglaise, nous proposent chacune leur vision farfelue de la souris. Elles peuvent être utilisées dans le jeu de colin-maillard : l'un des joueurs a les yeux bandés ; il doit attraper un autre joueur et deviner de qui il s'agit.

Jamais on n'a vu

Cette petite chanson offre la possibilité de faire des jeux rythmiques en répétant les syllabes plus ou moins vite : frapper des mains, des pieds, à droite, à gauche, etc.

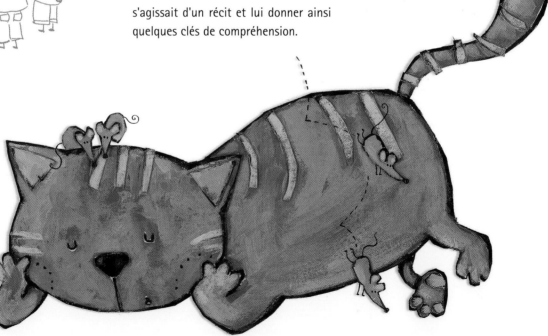

Three blind mice

L'origine de cette comptine remonte au début du XVIIᵉ siècle. Jugée trop absurde et trop violente à l'époque, elle fut, comme beaucoup d'autres, l'objet de tentatives de modifications ou de suppressions. Aucune n'a réussi !

Pour aider les enfants à comprendre cette chanson, on peut jouer au jeu suivant. Un joueur est « nommeur ». Les autres se mettent en cercle et le « nommeur » tourne autour d'eux en nommant chacun d'eux *mice*, *wife* ou *knife*. Une fois que chacun est nommé, le « nommeur » sort du cercle et appelle un nom. S'il dit *mice*, toutes les souris doivent quitter leur place et courir hors du cercle puis revenir à leurs places. Le dernier revenu est éliminé.

Avec des enfants plus âgés, le « nommeur » peut appeler deux noms en même temps. Il peut également donner un nouvel ordre *All change !*, ce qui veut dire courir dans la direction opposée.

Comptines à désigner

pages 40-41

Les comptines à désigner jouent beaucoup avec l'humour absurde. Ce sont des textes extravagants tout à fait représentatifs du folklore enfantin.

Chaque fois que l'on a à désigner un enfant au sein d'un groupe, il est beaucoup plus amusant de passer par le plaisir de la comptine que par un choix arbitraire. On se place alors en cercle et le meneur touche un à un les enfants jusqu'à « l'injonction de sortie » qui désigne l'exclu (ou l'élu !).

Out goes the rat

Les efforts portés sur l'articulation, l'intonation et les inflexions toniques quand on récite cette comptine la rendent amusante à répéter.

Cerise marquise

À la manière de cette comptine, on peut inventer avec les enfants d'autres textes en faisant rimer des mots présentant le même nombre de syllabes. Le hasard offre souvent de bien belles images !

56 ○

LES TRADUCTIONS

ANGLAIS > FRANÇAIS

Rain, rain, go away! p. 6
Pluie, pluie, va-t'en !
Reviens un autre jour !
Pluie, pluie, va-t'en !
Petit Jean veut jouer.

Knock at the door, p. 6
Frappe à la porte,
Appuie sur la sonnette,
Soulève (ou tire) le loquet
Et entre.

Jack be nimble, p. 9
Jacques, sois agile,
Jacques, sois vif,
Jacques, saute au-dessus
Du bougeoir.

**This little pig went
to market,** p. 11
Ce petit cochon-là est allé
au marché,
Ce petit cochon-là est resté
à la maison,
Ce petit cochon-là a mangé
du rosbif,
Ce petit cochon-là n'a rien eu,
Et ce petit cochon-là a crié
Oin, oin, oin... sur tout
le chemin de la maison.

Head and shoulders, p. 12
Ma (ou la) tête, mes épaules,
mes genoux, mes orteils...
Mes yeux, mes oreilles,
ma bouche et mon nez.

Two little dicky birds, p. 17
Deux petits oiseaux, posés sur
un mur,
L'un s'appelle Pierre,
L'autre s'appelle Paul.
Envole-toi, Pierre !
Envole-toi, Paul !
Reviens, Pierre !
Reviens, Paul !

The elephant, p. 20
L'éléphant marche
Comme-ci, comme-ça.
Il est incroyablement grand,
Il est incroyablement gros.
Il n'a point de doigts,
Il n'a point d'orteils,
Mais, bonté divine,
Quel grand nez !

Go to sleep, my baby, p. 22
Dors, mon bébé !
Ferme tes jolis yeux,
Les anges du ciel
Veillent sur toi,
Le clair de lune est beau,
Les étoiles apparaissent,
C'est l'heure, maintenant, pour
les petits enfants
De s'endormir !

Row, row, row your boat, p. 24
Rame, rame, fais avancer ton
bateau
Doucement au fil de l'eau,
Gaiement, gaiement...
La vie n'est qu'un rêve.

Stepping stones, p. 26
Saute de pierre en pierre,
Un, deux, trois,
Traverse le gué,
Viens avec moi.
La rivière coule vite,
La rivière est vaste.
Nous traverserons de pierre
en pierre
Et nous atteindrons la rive
d'en face.

A tisket, a tasket, p. 30
Deux mots d'onomatopée pour
rimer avec « basket »
Un panier vert et jaune.
J'ai envoyé une lettre à mon
(ma) bien-aimé(e)
Et en chemin je l'ai fait tomber ;
Quelqu'un parmi vous
l'a ramassée
Et l'a mise dans sa poche.

Ring-a-ring o'roses, p. 32
La ronde des roses,
Une poche remplie de fleurs.
Atchoum !...
Nous tombons tous par terre.

One, two, three, four, p. 35
Un, deux, trois, quatre,
Marie est à la porte de
sa maison,
Cinq, six, sept, huit,
Elle mange des cerises dans
une assiette.

Three blind mice, p. 38
Trois souris aveugles...
Regarde comme elles courent
vite !
Elles courent après la femme
du fermier
Qui leur tranche la queue avec
un couteau à découper.
As-tu déjà vu pareille chose
dans toute ta vie,
Que ces trois souris aveugles ?

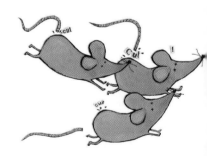

Out goes the rat, p. 37
Le rat sort du jeu,
Le chat sort du jeu,
La dame avec le grand chapeau
vert sort aussi.
Y, O, U forment le mot « YOU » (tu)
O, U, T signifient « OUT » (sors).

FRANÇAIS > ANGLAIS

Goutte, gouttelette de pluie, p. 5

Drop of rain, droplet,
My hat is getting wet.
Drop of rain, droplet,
My shoes are getting wet too.

Ding, ding, ding, p. 6

Ding, dong,
Knock, knock!
Turn the knob!
Come in!

Polichinelle, p. 8

Punchinello
Climbs a ladder,
Breaks a rung,
Falls in the water... splash!

Celui-là va à la chasse, p. 10

This one hunts it,
This one shoots it,
This one plucks it,
This one cooks it,
The little one...
Eats it all up!

C'est la petite Jabotte, p. 11

Little Miss Chatterbox
Has no shoes or socks,
Up she goes, up she goes,
up she goes...

Jean Petit qui danse, p. 12

Johnny Boy is a-dancing
Dancing his finger
Finger dancing, dancing, dancing,
That's how Johnny Boy is dancing...
(... Dancing his hand, his arm,
his whole body, etc.)

Deux petits bonhommes, p. 16

Two little men
Off to the woods
To find some apples
And then some nuts,
Some mushrooms
And chestnuts,
Then they go home.

L'éléphant se douche,
douche, douche, p. 18

The elephant has a shower,
    shower, shower,
He sprays water with his trunk.
The elephant blows his nose,
    nose, nose,
He uses a very big hanky.
The elephant opens his mouth,
    mouth, mouth,
He has two long ivory tusks.
The elephant goes to bed,
    bed, bed,
At eight o'clock every night.

Dodo mamour, p. 23

Go to sleep my darling,
On a velvet cushion,
Sleep as long as you want to,
Mummy's there to rock you,
Go to sleep my darling.

Bateau, ciseaux, p. 25

Boat, scissors,
River, rivers,
Boat, scissors,
The river rushes past.
The boat turns over
And the children fall out.
Splash... in the water!

La clé de Saint-Georges,
p. 28

I'm carrying, I'm carrying
St George's key.
When I'm tired of carrying it,
I'll drop it
At the foot of the rock
Where my loved one will be.

Dansons la capucine, p. 33

Let's dance the merry-go-round,
There isn't any bread at home,
The lady next door has got some,
But she won't let us have any.
Not any!

Un, deux, trois,
je m'en vais au bois, p. 33

One, two, three,
The woods to see,
Four, five, six,
Cherries to pick,
Seven, eight, nine,
In my new basket,
Ten, eleven, twelve,
They'll be ripe and red.

Il y a sept oies, p. 33

Dip!
In the Smith's back yard
There are seven geese:
One goose, two geese,
    three geese,
Four geese, five geese,
    six geese,
And you!

Jamais on n'a vu, p. 36

No-one has ever seen,
No-one will ever see,
The tip of a mouse's tail, let trail,
In the ear of a cat! Not that!

Cerise marquise, p. 34

Cherry,
Duchess,
Duke,
Chestnut,
The duck
Is lame,
You are out
Of the game!

© Les Éditions Didier, Paris, 2002
Conception graphique : Isabelle Southgate
Photogravure : Arts Graphiques du Centre
Traduction des comptines : Jeanette Loric
Gravure de musique : Corinne de Luna
Impression : Imprimerie Clerc

ISBN : 2-278-05314-0 - Dépot légal : 5314/05
Achevé d'imprimer en février 2005
Loi n° 49-956 du 16 juillet 1949
sur les publications destinées à la jeunesse